KB039625

도넛 낀 강아지 포레

당신이 알아야 할 때

알아야 할 것을 알게 될 것입니다.

내가 틀릴 수도 있습니다.

|

비욘 나타코 린데블라드

도넛 낀 강아지 포레

초판 1쇄 발행 2023년 12월 29일

글 그림 모리

펴낸곳 크레파스북   **펴낸이** 장미옥   **편집** 정미현, 표수재   **마케팅** 김주희

출판등록 2017년 8월 23일 제2017-000292호
주소 서울시 마포구 성지길 25-11 오구빌딩 3층
전화 02-701-0633   **이메일** creb@bcrepas.com
인스타그램 www.instagram.com/crepas_book
페이스북 www.facebook.com/crepasbook
네이버포스트 post.naver.com/crepas_book

ISBN 979-11-89586-70-6(03330)
정가 15,000원

도넛 낀 강아지
포레

레~

크레파스북

너의 아픔이

달콤함으로

치유될 수 있길

"어머, 넌 누구니?"

2019년 가을.
나는 미국에서의 유학생활을 마치고
부모님이 운영하시는 카페를 돕기 위해
한국으로 돌아왔다.

주문하신 아메리카노
나왔습니다.

죄송합니다.

아마 맞는데...

그러나 평생 예술가로 살아왔던 내게
사업이란...

내가
라떼 시켰잖아요!
뭘 들은거예요?

죄송...

나의 일상은 곧 악몽으로 바뀌었다.

나는 여기서 뭘 하고 있는 걸까.

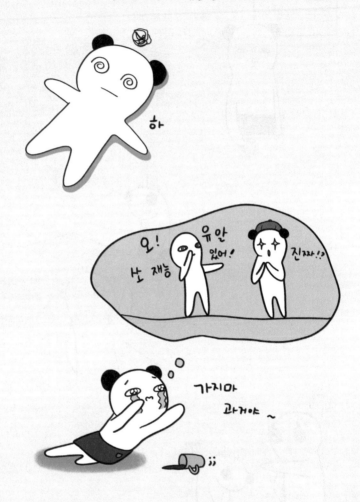

다시 나의 삶으로 돌아갈 수 있을까?

당시 나는 부모님을 도와야 한다는 마음과 원하는 일을 하고자 하는
자유 사이에서 내 안의 여러 자아들과 싸우고 있었다.

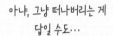

내겐 희망이 절실했다.

약 2년 후.
일 년 중 가장 화기애애해야 할 5월,
카페는 코로나로 인해
문을 닫을 위기에 처했다.

폐업

당장 다음달부터
걱정이…

괜찮을거야…

도망

도망

철이

없음

그리고 아이러니하게도 그 덕에
나는 마침내 나의 삶을 다시 되찾을 수 있었다.

다시 원래 내가 알던 일상으로 돌아온 나는
마침내 오랜기간 고민했던 일을 행동으로 옮길 수 있었다.
포레와 나의 첫 만남이었다.

　2019년. 뉴욕에서의 유학생활을 마치고 나는 한국으로 돌아 왔다. 돌아오고 나서 한국 생활에 다시 적응하기까지는 생각보다 긴 시간이 걸렸다. 몸은 이곳에 있었지만, 마음은 계속 그곳에 남아 있었다. 타지생활을 하며 겪은 버라이어티한 사건사고들 그리고 한국에서는 경험해 볼 수 없는 휘황찬란한 멋진 날들 덕 분에 그곳에서는 자주 천국과 지옥을 오갔었다. 유학 끝에 뉴욕 과 나는 마치 오래된 부부와 같은 그런 '애증의 관계'가 되어 있 었다.

　귀국 직후에는 부모님이 막 오픈하신 카페를 도맡아 운영해 야 했다. 카페는 긴 시간 준비한 만큼 오픈하자마자 주말이면 수 천 명이 다녀가는 핫플레이스가 되었고, 경험이 전무했던 나는 그 속에서 정신없이 배우며 하루하루를 버텼다. 세계에 이름을 알리는 멋진 예술가가 되겠다던 원대한 포부는 매일 무사히 하루를 끝낼 수 있길 바라는 작고 소박한 꿈에 치여 지 멀리 밀려 났다.

자유로운 영혼의 소유자이자 예술가인 내게 카페사업은 마치 매일 헐벗은 채 사람들이 가득 찬 런웨이에 서는 것과 같은 기분이 들게 했다. 회계, 노무, 세무 업무를 보는 삶이 일상이 되었고, 부모님의 뜻에 따라 모든 것을 결정해야 했기에 무엇 하나 내 마음대로 할 수 있는 것이 없었다. 일주일 내내 쉬는 날 없이 아침저녁으로 일만 했으니 통장에 잔고는 쌓였지만 행복하진 않았다. 뉴욕에서 과제를 하느라 돈을 다 써서 고작 1달러짜리 피자 조각으로 몇 날 며칠 끼니를 때웠던 시절이 그리웠다.

그러다 사건이 터졌다.

여느 날과 다름없이 카페에 앉아 웅성거리는 고객들 사이에서 업무를 보던 중이었다. 노트북 앞에 앉아 일을 보고 있는데 갑자기 웅성대는 소음이 귓바퀴를 뚫고 심장으로 쏜살같이 꽂혔다. 그리고 곧 심장의 쿵쾅 소리가 역으로 귓바퀴를 때려댔다. 호흡이 가팔라지고 숨이 턱턱 막혀 순식간에 몸의 제어능력을 잃어버렸다. 온몸이 고장 난 듯 눈에서도 눈물이 계속 흘러내렸다. 가까스로 몸을 일으켜 화장실로 달려가 문을 잠갔다. 변기를 옆에 둔 채 힘겹게 선 채로 나는 나의 병을 처음으로 마주했다. 공황장애였다.

나는 더 이상 버틸 수 없다고 결론지었다. 살기 위해 떠나야
했다. 그렇게 20대의 막바지에 이르러 나는 난데없이 가출을 했
다. 누구에게도 말하지 않고 다시 뉴욕으로 돌아갔다. 그러고 나
서야 비로소 다시 숨을 제대로 쉴 수 있었다. 애증의 도시였던
뉴욕이 그때만큼은 구원의 도시가 되었다.

가출한 지 4개월째 되던 달, 예고 없이 찾아온 코로나로 인해
카페는 존폐위기를 맞게 되었다. 다시 한국으로 돌아와야 했던
상황에서 내가 살 수 있는 유일한 방법은 오랫동안 바랐던 유기
견을 입양하는 것뿐이었다. 마음의 안식처 없이는 도저히 이곳
에 있을 자신이 없었다.

유기견 센터에 방문한 날, 원래 내가 입양하려던 유기견은 이
미 새벽부터 줄 서서 기다리던 사람들 중 1등으로 줄을 선 사람
이 데려갔다고 했다. 삶의 끝자락에서 간신히 구조되어 이곳에
오게 된 유기견들에게도 인기종과 비인기종을 가르는 인간의 허
영심에 만감이 교차했다. 그때 나는 이런 결심을 내렸다. '제일
인기 없고 어느 누구도 데려가고 싶어 하지 않는 강아지를 데려
가야겠다.'

"필연은 그저 침묵하는 그 무엇일 따름이며, 오로지 우연만이 웅변적이다."

밀란 쿤데라의 〈참을 수 없는 존재의 가벼움〉에 나오는 말이다.

20대 후반에 난데없이 행한 가출 그리고 가출한 와중에 그림이 너무나 그리고 싶어 우연히 방문한 애플 스토어에서 호기롭게 질러버렸던 700불짜리 아이패드(책에 등장하는 그림은 모두 이 아이패드로 그렸다), 이후 포레와의 우연한 만남. 이 모든 우연이 겹쳐지니 이렇게 웅변적인 책 한 권이 탄생했다. 인생 참 모를 일이다.

서로를 살린 포레와 나의 인연이 나아가 다른 누군가의 삶에도 영향을 줄 수 있다면 그건 더 놀라운 일이지 않을까. 서점에서 우연히 집어 든 포레와의 만남이 누군가에게 좋은 인연이 되길 진심으로 바란다.

2023.12. 모리

펫크리에이터 **모리**

뉴욕에서 예술학교를 다니며 반려동물 사진작가로 활동했다.
귀국 후 반려동물 회화작가이자 포레 보호자로 살고있으며,
국내의 더 나은 반려문화를 위한 예술활동을 이어나가고 있다.

모리의 반려견 **포레**

날카로운 철사가 입에 꽁꽁 묶인 채 떠돌다 구조된 강아지.
철사줄에 잘린 하트모양 혓바닥과 입 주변의 동그란 상처가 특징이다.
지금은 아픈 철사 대신 모리에게 받은 도넛과 함께 달콤한 삶을 살고 있다.
'포레' 이름은 모리가 운영하던 카페 포레스트(숲)에서 따왔다.

차례

인연

괜찮아,
포레가 채워줄게

포레도 괜찮아 ..
우리 다 괜찮아

너, 나랑 갈래?

#만남

인간이 행한 고통스러운 학대의 기억에도
이 작은 강아지는 날 보자마자 서슴없이 다가왔다.
그리고 이내 나의 무릎 위에서 잠들었다.

포레가 내게 보여준 인간에 대한 바보같은 신뢰가
나의 마음을 울렸던 걸까.
나는 포레가 내민 손을 잡아보기로 했다.

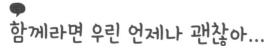

함께라면 우린 언제나 괜찮아...

#트라우마

처음 포레를 입양해 왔을 때 있었던 일이다.
나는 살면서 처음으로 당해본 물림사고에 당황했지만 무엇보다도
내 강아지한테 물렸단 사실에 꽤나 충격을 받았었다.

포레가 입양온 후 약 한 달간 가족뿐만 아니라
지인에게도 몇 차례 물림사고가 발생하였다.

무작정 습관을 고치려 하기보단 원인을 정확히 알아야겠다는 생각에
나는 여러 수의사 선생님을 찾아갔다.

음… 추측이긴 합니다만,
입이 철사에 묶여있었던 정황과
어린나이에 임신한 흔적, 민감한 엉덩이와
입질반응 등으로 보아 어쩌면 강아지 공장에서
지내다가 버려지거나 탈출했을 가능성이
있지 않을까 싶습니다.

강아지 공장에서
엉덩이에 주사를 놓곤 하는데,
그래서 유독 민감한 게 아닐까 싶은
추측이… 입양하시고
광견병 주사는 맞추셨죠?

아… 네… 넵?

수의사 선생님들이 말하는 포레의 과거에 나는 놀랐지만
그보다 더 놀랄 일이 남아 있었다.

병원 측의 실수로 포레의 접종이 제대로 이루어지지 않았던 사실을
그제서야 알게 된 나는 뒤늦게나마 사태를 수습해야 했다.

나는 포레에게 물린 상처가 다 아물 때까지
이런 꿈을 꾸곤 했다.

1년 후
그간 여러 노력 끝에 포레는 더 이상 엉덩이를 만져도
전처럼 민감하게 반응하지 않게 되었다.

그 긴 시간 포레가 트라우마를 이겨내도록 내가 인내할 수 있었던 이유는
나 또한 트라우마를 잘 이해하고 있기 때문이었다.
(한때 나는 웅성이는 사람소리를 트리거로 호흡곤란 및 공황장애를 겪곤 했다.)

그리고 포레를 도우며 내가 한 가지
깨달은 것이 있다면

곁을 지켜주는 누군가가 있다면 트라우마는 충분히 극복될 수 있다는 것이었다.
함께라면, 이겨내지 못할 어려움은 없다.

함께라면, 우린 언제나 괜찮을 것이다.

바람이 분다, 살아야겠다.

폴 발레리 〈해변의 묘지〉

유기견 센터장 선생님의 사무실 안. 유기견 리스트를 살펴보는데 바로 옆에서 인기척이 느껴졌다. 갈색 털뭉치가 나를 빤히 바라보고 있었다. 안아달라는 듯하던 모습에 들어 올려 무릎에 앉혀놓으니 아무런 느낌조차 없었다. 세상에, 이렇게 가벼울 수가 있나. 어이없게도 이 작은 강아지는 무릎에 올라오자마자 한숨을 푹 쉬곤 그대로 잠이 들었다. 그 후 몇 년이 흘렀지만 포레의 가느다란 생명 줄과도 같았던 무게는 여전히 내 양 무릎에 고스란히 남아 있다. 사람들의 관심이 없었더라면 금세 사그라져 버렸을 아주 하찮은 무게였다. 삐쩍 마른 몸도, 인간에게 상처 입은 영혼도, 모두 하릴없이 삐쩍 곯아있는 상태였다.

철사에 꽁꽁 묶인 채 발견되었던 입 주변의 살은 모두 괴사되어 진즉 센터장님께서 제거 수술을 하셨다고 했다. 있어야 할 곳에 살이 없으니 이빨들은 훤히 그 모습을 드러내고 있었는데, 그래서 포레의 첫인상은 사실 좀 '기괴'했다. 나는 컴퓨터 속 끝도 없이 넘어가는 유기견 리스트를 보다만 채로 이 기괴한 강아지를 보며 잠시 생각에 잠겼다. 깃털보다 가벼운 이 친구의 현재와 결코 가볍지 않았을 어두운 과거. 과연 감당할 자신이 있는가를 놓고 잠시 생각에 잠겼다. 그러나 "너, 나랑 갈래?"하고 묻기까지 그다지 오래 걸리지 않았던 것 같다. 그때 내가 "갈래?"하며 포레를 바라보던 그 장면은 두고두고 내게 소중한 추억으로 남아 있다. 살면서 가장 멋진 결정을 한 순간이니 아마 앞으로도 평생 잊지 못하겠지 싶다.

포레는 이제 평생의 안식처를 찾았고 나는 공황증세에서 벗어났다. 어릴 때 워낙 못 먹어 그런지 먹어도 정상체중을 유지하는 포레와 달리 나의 영혼의 무게는 이제 비만에 가깝다고 느낀다. 삐쩍 마른 다른 영혼들에게도 우리의 이야기가 달콤한 양식이 될 수 있을까.

당분간 우리 헤어지자

#비극의 시작

집은 많죠~
아, 강아지가 있어요?
그럼 좀 어렵겠네요.
(집 주인들이 좀 꺼려서)

강아지랑 같이
살 수 있는 곳이요?
없습니다~

포레와 함께
이사할 집을 찾던 날!

포레와 산책할 공원과
동물병원이 근처에 있는
모든 조건을 갖춘 집을 찾으려니
영 쉽지 않았다.

흠...

큰일이네, 반려동물 없다고 하고
들어갈 수도 없고...

밥!
밥!

엇!

그러던 중 한 부동산 공고를
발견하게 되는데

두근
두근

반려동물 OK!
역세권 숲세권!!

비.. 비싸다

예상금액을 훨씬 뛰어넘는 월세였다.

그러나 결국 월세를 벌겠다는 의지 하나로

나와 포레는 그 집에 들어가기로 했다.

그렇게 포레와 나는
서울에서의 독립생활을 시작했다.

알바 구하는 중..

그리고 얼마 지나지 않아 곧 이런 일상이 시작되었다.

아이러니하게도 포레에게 필요한 조건들을 맞춰 얻은 집이었지만,
월세를 감당하기 위해 내가 나가있는 시간이 길어졌고
포레가 집에 혼자있는 시간 또한 길어졌다.

나는 긴 고민 끝에
결국 이런 결정을 내리게 되었다.

더 믿음직스러운 보호자가 될게

#비극의 끝

부모님 집에 잠시 포레를 맡긴 지 일주일째

원래 밥은 혼자 먹었는데

오늘따라 외롭군..

작업도 항상 혼자 했고
잠도 항상 혼자 잤건만

오늘따라 왜 이렇게 허전한거지?

그런데 생각해보니 독립 후 이 집에
포레와 단 둘이 살기 시작하면서부터 나는

결코 혼자인 적이 없었다.

밥을 먹을 때도
작업을 할때도

다리에
감각이 없군.

심지어 내가
의식하지 못하는 순간에도

나는 언제나 포레와 함께였다.

결국 포레와 떨어져 지낸 지 고작 일주일도 채 되지 않아

나의 상태는 이렇게 되어 버렸다.

다행히 나는 다시 포레와 함께 살게 되었지만 이후 포레에게
더 믿음직스러운 보호자가 되기 위해 이런 목표를 갖고 일하게 되었다.

20~30대 아직 자립이 완성되지 않은 청년들이 집에서
개나 고양이를 키우는 것을 반대합니다. 현대사회에서 개나 고양이는
가족입니다. 딸린 애가 있는 거랑 똑같아요. 개나 고양이 때문에
자기 인생을 망칠 수도 있습니다.

김승호 짐킴 홀딩스 회장

반려견과 함께할 때 가장 중요한 자질 중 하나로 나는 '여유'를 꼽는다. 이때의 여유는 경제적 여유와 시간적 여유를 의미한다. 만약 강아지를 키우려 다짐했다면 본인이 경제적, 시간적 여유가 충분한지를 가장 먼저 고려해야 한다. 포레를 데려왔을 무렵 나는 경제적, 시간적 여유가 충분한 상태였다.

그러나 3년 정도 흘러 독립했을 때 위기가 찾아왔다. 일 때문에 산책을 자주 시켜주지 못하거나 간식을 사는 횟수를 줄여야 했고, 또 병원에 갈 때마다 비용이 많이 나올까 전전긍긍 하는 등 갖가지 문제들이 발생했다. 나는 보호자의 지갑사정에 따라 반려견의 삶 또한 순식간에 바뀔 수 있다는 것을 포레의 일상과 삶의 질의 차이를 통해 절실히 깨달았다.

이후 다행히 부모님 댁에 포레를 맡기는 동안 경제적 위기를 모면할 수 있었지만, 한번 책임의 무게를 느끼고 나니 한 생명을 책임진다는 것이 얼마나 어렵고 힘든 일인지 통감했다. 반려동물을 사랑하여 관련 예술 활동을 하는 나도 이렇게 책임이 막중하다 느끼는데, 하물며 단순 오락거리로 반려동물을 키우는 사람들의 마음가짐은 어떨까, 그때 처음 생각해 보았던 것 같다. '아- 그래서 그냥 갖다 버리는 거구나. 이렇게 키우는 게 쉽지 않으니 그렇게 쉽게 버릴 수 있는 거구나.'

그리고 우리나라가 가진 부실한 입양 제도에 대해 다시 한 번 한탄했다. 부디 '누구나' 입양 가능한 현실이 '적합자'만이 입양할 수 있는 법과 제도를 통해 빠른 시일 내에 개선되길. 더는 거리 위를 떠도는 생명들이 없길 간절히 바란다.

의무

나 모리는 매일
산책할 것을 선서

레~ ♥

입양호암인

너가 좀 귀엽긴 하지

#미소천사

포레랑 산책을 나설 때면 매일 만나는 것이 있다.
그건 바로

활짝 웃는 사람들!

포레를 입양한 후, 한동안 나는 사람들이 우릴 보며 웃고 지나가는 이유를
알 수가 없어 산책을 할 때마다 의아한 기분이 들곤 했다.

아- 포레를 보고 웃는 거였구나!

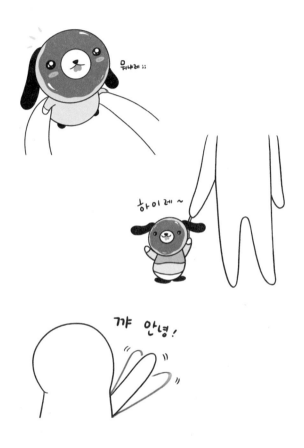

그 후로 포레와 산책을 할 때면 나는 잠시 멈춰서서
사람들과 포레가 인사할 시간을 갖곤 했다.
놀랍게도 그렇게 하니 포레의 산책시간이 더 멋져졌다.

사람들은 귀여운 강아지와 인사할 수 있어 좋아했고
포레는 많은 사람들의 사랑을 받을 수 있어 행복해 했다.

그저 산책을 하러 나왔을 뿐인데,
사랑을 잔뜩 교환하고 가는 기분이 들었다.

지치고 힘든 일상 속에서 포레와의 짧은 만남이
모두의 하루를 한층 달콤하게 만들어 줄 수 있길 바라며…

1년 후

이건 아니야

포레야
싸인 좀 ♥

모 매니저,
펜 좀 줘봐레~

산책? 당연히 매일 하죠

#그래도 산책

어느날 인터넷 뉴스에
산책에 관한 흥미로운 기사가 떴다.

포레 앞에서는 함부로 '산책'이라는 단어를 입에 올리면 안 된다는 걸 잠시 잊었다.

포레 앞에서는 함부로
'눈'이라는 단어를 내뱉어서도 안 되는데…

함박눈이 펑펑 내리는 추운 겨울이지만 결국 밖으로 나선다.
신기한 건, 그렇게 억지로라도 나와 보면 반려견을 위해 추위를 무릅쓰고
산책을 나온 보호자들이 더 있다는 사실이다.

불과 몇 년 전까지만 해도, 우리나라에서 반려견 산책의 필요성은
오늘날처럼 중요하게 여겨지지 않았다.
내가 뉴욕에 도착해서 가장 크게 놀랐던 것이
궂은 날씨에도 산책하는 반려인과 반려견들
이었던 것은 바로 그 때문이었다.

그런데 몇 년 후,
다시 한국에 돌아와 만난 산책문화는 사뭇 달라져 있었다.

산책이요?
당연히 매일 하죠~

종마다
산책 주기가 좀 다르다곤 하던데
우리는 매일 산책해요.
퇴근 후 제 루틴입니다!

감격

요즈음
도그워커 앱
써보고 있는데,
괜찮은 것 같아요.

습관이 되니까 별로
귀찮을 건 없어요.
산책은 제 건강에도
좋은 거니까요!

그래서 나는
우리 모두의 노력을 칭찬해주고 싶다.

모두가 함께 만들어나가는
올바른 반려문화가 나는 정말 멋지다고
생각한다.

반려견을 위해 매일 산책하는 보호자들도
오랫동안 반려견들과 함께 건강하면 좋겠다.

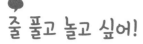

줄 풀고 놀고 싶어!

#도그파크

나의 부모님 댁에는 포레가 리드줄 없이
마음껏 뛰어놀 수 있는 넓은 마당이 있다.

하지만 포레와 서울에서 독립해 살기 시작하면서부터
우리에게 공놀이란 것은
돈을 주고 어떠한 장소에 가야지만 마음 편히 할 수 있는
유료 활동이 되었다.

우리나라에 도그파크가 거의 전무하다시피 한 이유.

공원 천지

MANHATTAN

내가 유학생활을 했던 맨해튼에는
100여 개가 넘는 도그파크가 있어서
길을 걷다 보면 자연스럽게
도그파크에서 뛰어노는 반려견들을
매일 마주칠 수 있었다.

우리나라에도 도그파크가 많아진다면
도시에 사는 반려견들도 마음껏 뛰어놀 수 있을텐데.

어쩌면 포레의 말은 틀린 걸지도 모른다.
그들은 뛸 줄 모르는 게 아니다.

어쩌면 그들은 매일 참고 사는 게 아닐까?

그래서 나는 도시의 반려견들이 자기를 다 보여주지 못하고 살아간다고 말한
강형욱 훈련사의 말에 깊이 공감한다.

반려견들에게 도시란, '얄궂은 공간'이라고 말씀하신 최재천
교수님의 말씀에도 더할나위 없이 공감한다.
그래서 나는 포레에게 미안하다. 매일 뛰어놀 권리를 빼앗은 사람으로서
나는 포레에게 당연히 미안해야 한다고 느낀다.

며칠 후 모리 부모님 댁

우리가 무엇을 하든 다른 존재와 연결된다. 인간의 행동은
동물의 삶에도 영향을 준다. 따라서 인간의 정치는
언제나 인간과 동물이 공존하는 세상을 위한 동물정치(Zoopolitique)여야 하는데
인간은 마치 동물이 아무 권리도 없는 것처럼 행동한다.

코린 펠뤼숑 〈동물주의 선언〉

우리나라에도 이제 1일 1산책 문화가 많이 자리 잡았다. 덕분에 거리에서 산책하는 반려견들 또한 해가 갈수록 늘어가는 것 같다. 다만 아쉬운 것은 리드줄에 묶인 채 걷는 산책이 아닌, 리드줄 없이 마음껏 뛰어놀 수 있는 반려견들의 '뛸 권리'가 부족하다는 데에 있다. 뛰고 싶을 때 마음껏 뛰지 못하는 그들의 억눌린 욕구를 우리는 과연 이해할 수 있을까?

뉴욕에는 서울의 약 7배에 달하는 공원이 있다. 농담이 아니라 공원이 얼마나 많은 가 하면, 한참 걷다가 정신 차려 보면 이미 서 있는 곳이 공원일 때도 있고, 문득 주변을 둘러봤을 때 도그파크에서 뛰노는 강아지들이 눈에 들어올 때도 있다.

게다가 공원은 부가적인 가치를 창출하기도 하는데, 바로 '수다문화'이다. 공원을 걷다 잠시 앉아 처음 보는 사람과 수다를 떠는 문화. 수다문화는 때로 비즈니스로 연결되기도 할 정도로 산책문화와 함께 뉴욕 사회 내에서 직간접적으로 좋은 사회 현상을 만들어내고 있다. 우리나라에도 반려인들의 일취월장한 산책문화처럼 도그파크와 같은 도시 인프라가 가까운 시일 내에 많이 구축되었으면 좋겠다. 뛰고자 하는 반려견들의 욕망만큼이나 빠르게 도그파크 문화가 자리 잡는다면, 어쩌면 아마 내일 당장 도심 속에서 뛰어노는 반려견들을 만나볼 수 있을지도!

위로

나만 바라보는 너가 있어 너무 좋아

#반려세포

결혼을 한 친구들에게서
가끔 이런 질문을 받곤 한다.

그리고 이런 대화의 끝은 언제나 포레 이야기로 끝나게 되어 있다.

사실은 얼마 전까지만 해도 나는
타지 생활로 인한 외로움을 달고 살던 사람이었다.

심지어는 수업 중에 외로움에 북받쳐 서럽게 울어댔던 적도 있었더랬다.

그렇게 이미 외로움이란 감정의 길을 터버린 나는
한국으로 돌아온 후에도
외로움을 아주 모르던 지난 과거로 되돌아 갈 수 없었다.

지나가는 낙엽도
짝이 있군…

하지만 가끔씩 외로움이란 감정이 빼꼼 고개를 들 때면

포레가 먼저 나타나 함께 외로움을 멀리멀리 날려보내곤 한다.

친구는 내 걱정을 한답시고
이런 말들을 늘어놓곤 하는데
반려인 500만 시대에 어울리지 않는
아주 시대착오적인 발언이다.

연애는
너가 다시 해야겠다.

그러고보니
세상 참 많이 바뀌었다.

우리 어릴 땐 이랬는데

더이상 화가란 단어도, 현모양처란 단어도 들어볼 수 없는 세상이 되었다.

무엇 하나 확신할 수 없는 세상에서,
어느 것 하나 변하지 않는 것이 없는 세상에서

평생 변치 않을 사랑이 곁에 있다는 사실은
내게 큰 위안이 된다.

온 마음을 다해 나만 바라봐주는 포레와 그저
행복하면 됐지, 뭐!

내일도 잘 부탁해!

#나만의 알람시계

나의 직업은 작업실에서 그림을 그리는 일이다.
그러다 보니 매일 12시간 이상 작업실에 혼자 틀어박혀 있는 날들이 잦다.

그래서 나는 자주
이런 상태가 되곤 하는데

가끔은 포레조차 날 걱정하는 듯하다.

다행히 하루에 한 번 꼭 산책을 나가야 하는 포레 덕에

나는 매일 억지로라도 밖으로 나가 야외활동을 한다.

포레의 배변활동을 시키고

고개를 들어 잠시 하늘을 바라보는 시간을 가지며

사람들을 만나 이야기를 나눌 기회도 갖는다.

포레는 마치 단조로운 나의 삶에 경종을 울리는 맞춤형 알람 같다.

포레야, 네 덕에 나의 매일은 푸른빛이야.

내일도 잘 부탁해!

앞으로도 내 마음을 잘 부탁해^^

#정서안정견

내가 살았던 학교 기숙사 옆방에는 고양이를 키우는 친구가 살았었다.

영어로 Emotional Support Animal, 즉 한국어로 '정서 지원 동물'은
각종 재난이나 사고 현장에서 그저 옆에 있어주는 것만으로도
재난민들과 피해자들의 정서적 안정을 도울 수 있다.
그들은 환자들의 치료와 안정을 위해 병원을 방문하기도 한다.

동물이 인간을 위해 이런 역할을 할 수 있는 이유는
바로 우리 몸에 분비되는 '옥시토신'이란 물질 때문이다.
이는 아이와 엄마가 교류할 때 뇌에서 분비되는 '사랑 호르몬'으로,
반려동물과 교감할 때에도 우리 몸에서는 같은 화학 작용이 일어난다.

그러고보니 내 마음이 아플 때마다
포레를 꼭 안으면 이내 괜찮아지곤 했던 이유는 모두
이 무미건조한 '옥시토신'이란 단어로 불리는 화학물질 덕분이었나 보다.

그래서 매일 비슷하게 반복되는 일상 속에서
포레의 존재가 유독 감사하게 느껴지는 날들이 있다.

"언제나 내게 달려와줘서 고마워!"

1년 후

당황

포레야…
이게 뭐야?

포레 이제 대학원 갈 때가
된 것 같다래. 대학원은
도그파크 많은 뉴욕으로 갈레.
입학금 10,000불~ 기숙사비 20,000불~
보험 10,000불~

인간 건강에 대한 미래의 모든 연구는
가정에 반려동물이 있는가의 여부를 고려할 필요가 있다.
인간 건강에 대한 미래의 어떤 연구도 인간과 함께 사는 동물을
포함하지 않고서는 포괄적인 연구로 간주되어서는 안 된다.

미국국립보건원

지금보다 조금 더 어렸을 땐 사람이 느낄 수 있는 감정이 이토록 다양하고 깊은지 몰랐기 때문에 반려동물들이 갖고 있는 치유의 힘을 미처 알지 못했다. 이제야 어느 정도 인생의 이러저러한 맛을 알아버린 오늘날의 나는 스스로에 대한 실망감 이라던가 쓰라린 아픔의 이별 혹은 친한 지인의 죽음 등에서 오는 감정의 소용돌이를 이해한다. 그리고 인생이란 건 그 속을 헤쳐 나가면서라도 계속해서 걸음을 내디뎌야만 하는 것이란 걸 안다. 인생이 인생다워지는 순간들은 모두 기쁨에만 있진 않은가.

감정의 소용돌이 속을 지나고 나면 필연적으로 마음 곳곳에는 상처가 남게 된다. 그러면 그 상처들은 반드시 어떠한 방식으로든 소독해 주어야 하는데, 내겐 포레라는 갈색 소독약이 있다. (포레는 갈색!) 마음이 힘들 때 포레를 꼭 껴안는 것만으로 나의 상처는 덧나지 않는다. 사람 간의 위로가 더는 위로가 되지 않는 세상에서 온 마음으로 나를 사랑해주는 존재가 있다는 사실 하나에 하루하루를 진심으로 살아갈 힘을 얻는다고나 할까.

내 옆에 있는 소독약들에게 고맙다는 마음을 잊지 않았으면 좋겠다. 항상 달려와 줘서 고맙다고, 언제나 우리 마음 잘 부탁한다고 말해주자.

못 알아듣는다고? 다 알아듣는다.

희생

오늘도 기꺼이 불편함을 감수한다

#왜vs왜

내겐 풀리지 않는 의문이 한 가지 있다.

이는 나뿐만 아니라 다수의 보호자들이 갖고 있는 의문이기도 하다.

대체 왜!?
강아지들은 가로로 자는 걸까?

항상 가로로 자는 포레 때문에 밤잠을 뒤척이는 일이 잦아
일을 하는 낮 시간 동안 나는 곧잘 이런 상태가 되곤 한다.

포레와 따로 자는 습관을 들이기 위해 시도를 안 해 본 건 아니었다.
하지만 노력이 무색했던 이유는

(물음표 살인멍)

잠이 들만 하면 침대 옆으로 와 한참 동안 날 지긋이 바라보며
침대 위로 올려주길 기대하던 포레를 그냥 무시할 수 없었기 때문이었다.

그래서 나의 노력은 매일 밤 이렇게 끝이 났다.

그리고 포레가 피곤한 날이면 나는 유난히 침대 끝자락 가까이로 밀려났는데,
그때마다 나는 허공에서 떨어지는 꿈을 꿨다.

글쎄, '누구' 때문에
계속 자라는지 모르겠네~?

언제 키가 그렇게
자랐레!??!??!

!?

그래도 밤새 뒤척이는 대신
아침에 눈을 뜨자마자 아침인사를 이렇게 할 수 있어
나는 오늘도 기꺼이 불편함을 감수한다.

포레 덕에 피곤하니까
아침 당충전은
너로 한다!!!!!!

사..살려죠

뭐지, 이 뜨끈한 느낌은?

#좋아하면 지리는

언제부턴가 포레는 인사를 할 때마다
뜬금없이 오줌을 지리기 시작했다.

포레의 지림은
때와 장소를 가리지 않았는데

심지어는 사람 또한 가리지 않았다.

그래서 새로운 작전을 써보기로 했는데

아예 인사를 안 하고 지나쳐보기로 한 것이다.

하지만 이 작전은 곧 실패했다.
포레가 인사를 해줄 때까지 자꾸만 뛰어올랐기 때문이다.

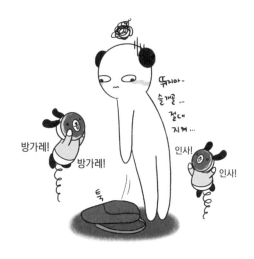

드디어 여러 시도 끝에 찾아낸 방법이 있었으니

그건 바로 귀가 후 바로 화장실로 달려가
포레가 지리는 동안 마음 편하게 인사하는 것이었다.

이후로도 지금까지
여전히 포레는 잘 지린다.

나, 왜 강아지 있어?

#포레의 여름놀이

어느 더운 여름날 포레와 산책을 나서던 길이었다.

엘리베이터 안에 붙은 새로운 공고가 눈에 띄는데

포레는 강아지이니 가전기기 걱정은 할 필요 없겠다 생각하며
대수롭지 않게 공고문을 지나쳤다.
그런데 며칠 후

이때 포레를 지켜봤어야 했는데

그때 나는 작업에 열중하느라
포레를 지켜보지 못했다.

그리고 곧 포레는 새로운 기술을 혼자 터득했다.

내가 선풍기를 다시 켤 때마다 포레는 계속해서 선풍기를 껐다.
나는 이것이 곧 포레에게 새로운 놀이가 되었다는 걸 깨달았다.

결국 나는 포레에게 안 된다는 의사를 분명히 표현해야 했다.

이후 선풍기 온오프 스킬을 획득한 포레는 놀이를 멈추지 않았다.
이를 통해 나는 강아지도 고양이처럼 행동할 수 있다는 것을 배우게 되었다.

여름의 끝자락

사람은 받은 것으로 생계를 꾸리고, 주는 것으로 인생을 만든다.

윈스턴 처칠

그래, 인정하자. 때론 귀찮을 때가 있다. 정말 머리끝까지 화가 나 꼬리를 푹 내린 채 구석에 앉아 있는 포레를 보며 "왜 그러는 거야!"하며 혼자 머리를 쥐어뜯을 때도 있다. 하지만 화내는 건 의미가 '1'도 없다는 걸 알기에 빠르게 평정심을 되찾는다. 이렇게 포레를 키우며 내게 한 가지 유의미하게 생긴 스킬이 있다면, 그건 바로 어떠한 상황에서도 '빡침'을 감내할 줄 아는 능력이다. 이런 감내의 순간들이 쌓이면 어느 순간엔 말을 아주 완벽하게 듣는 청년이 되어 있을 법도 한데, 아뿔싸. 강아지는 평생 인간의 2살 정도에 머무른다고 했던가. 반복해서 가르쳐도 고쳐지지 않는 것이 있다. 어쩔 땐 고쳐졌다 싶어 한동안은 괜찮다가 어느 순간 느닷없이 다시 문제 행동이 나타나기도 한다.

그럼에도 반려동물과 함께하기로 결심했다면, 내 삶의 일부를 내어줘야 한다. 때론 집에 콕 박혀 하루 종일 영화나 보고 싶은 마음이 들더라도 꾸역꾸역 일어나 산책을 나가야 하고, 친구들과 조금 더 놀고 싶어도 집에서 기다릴 포레를 위해 일찍 돌아와야 한다. 그것뿐인가. 매달 나가는 식비와 병원비, 기타 등등… 포레가 없었다면 오로지 나를 위해 사용했을 수도 있는 금전적인 부분도 무시할 수 없다.

하지만 이것들을 '희생'이 아닌 '투자'라고 생각해 보자. 이때 투자금은 시간, 돈, 망가진 소파, 오줌 묻은 이불, 고장 난 선풍기 등이 될 수 있겠다. 이것들을 투자금으로 쓰고 나면 나에겐 매달, 아니 매 순간 사랑이 돌아온다. 즉 모든 반려견은 무한한 사랑 우량주다. 투자하지 않을 이유가 없지 않은가!

정말 불이 났던 거라면…

#네 이웃을 사랑하라

어느날 새벽이었다.

머리를 울리는 굉음과 서둘러 대피하라는 음성에 나는 정신없이 잠에서 깼다.

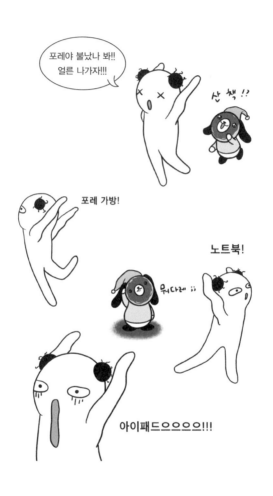

꼭 챙겨야 할 것들이 이렇게 많은 줄 평소에는 미처 몰랐다.

서둘러 짐을 챙겨 문 밖으로 나와보니 막상 주민들은 별일 아니라는 듯
터벅터벅 일층으로 내려가고 있었다.

계속해서 울리는 사이렌 소리에 나는 포레와 짐을 짊어 메고
잔뜩 긴장한 채로 일층으로 내려갔다.

그렇게 야밤에 갑작스럽게 밖으로 대피한 주민들.
그런데…

200여 세대가 사는 곳임에도 불구하고
반려동물을 데리고 대피한 주민은 나와 한 이웃 단 두 명뿐이었다.

나는 혼자 대피한 주민들을 보며 계속해서
이 구절을 되뇌이지 않을 수 없었다.

다행히 화재경보는 기기 오작동으로 인한 단순 헤프닝으로 끝이 났다.
하지만 정말 불이 났던 거라면…

별일 없이 집으로 돌아왔지만
다시 쉽게 잠들지 못하는 밤이었다.

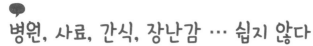

병원, 사료, 간식, 장난감 … 쉽지 않다

#이상한 질문

언젠가 포레와 산책을 하다
행인에게 이런 질문을 받은 적이 있다.

> 요새 너무 외로워서,
> 강아지 키우고 싶은데,
> 혹시 키우는 데 돈은
> 얼마나 들어요?

> 그 장난감은
> 다잇쏘에서도 살 수 있어요?
> 병원비는 얼마나 들어요?

> 미용도
> 돈이 많이 든다면서요?
> 그럼 그냥 미용 안 해도 되는
> 애로 데려오는 게 낫겠죠?

> 아…
> (당황해서
> 할말을 잃음)

저게 말이야
방구야!

애초에 '외로워서' 키우고 싶다는 것부터 잘못되었지만 반려견을 키우기엔
경제적인 문제도 있어보였기에 나는 최대한 자세히 설명해주었다.
물론 내 말은 별로 귀담아 듣는 것 같지 않았지만.

이대로 두고 가는 게 걱정은 되었지만
피가 나는 걸 발견한 이상 그대로 앉아 있을 수 만은 없었다.

그래도 마지막까지
나름의 노력은 했달까.

포레 그냥 살짝 발이 까진 거라 약만 잘 발라주시구요~

넵

사상충이랑 기생충 관리날짜 내일이신데 약 미리 드릴까요?

네네

포레야 뭐해?

포레 장난감 고르고 있다네~

얼마전에도 미용하고 기분 안 좋다고 하나 샀으면서… 그렇게 좋아?

좋아해 ♥

좋아해 ♥

병원에 한 번씩 갈 때마다, 사상충 관리날짜가 돌아올 때마다, 사료와 간식이 떨어질 때마다, 포레가 새 장난감을 고를 때마다, 이 모든 순간을 그 사람은 잘 헤쳐나갈 수 있을까?

얼마 후 다시 산책길

어머, 안녕하세요~

와...결국 데려왔나봐.

아 C 깽!

근데 쟤 걷는 게 이상하다레!

안뇽, 난 뽀레야-
만나서 방가...?

?
끼
익

안녕.

워
웡
잉

아니, 진짜 강아지는 너무
손이 많이 갈 것 같아서 말이죠~
그래서 요즘 로봇 강아지가
잘 나온다길래 샀어요. 얘는 돈들 것도
없구요~ 귀엽죠?

위 이 잉
(비행모드)

오..네

돈이 아니라
관리하기가 싫었던 거였네.

어쩌면 가까운 미래에는 이런 날이 올 수도 있지 않을까?

아니면 이런 미래가 올 지도-

사람들은 처음 춤을 추기 시작한 남자를 영웅이라 부를 것이다. 하지만 여기서 가장 중요한 사람은 첫 번째 남자를 따라 춤을 춘 두 번째 사람이다. 두 번째 사람이 없었으면 첫 번째 남자는 그냥 바보가 되었을 것이다. 두 번째 사람이 용기를 내어 바보의 대열에 합류했을 때, 춤은 그냥 미친 짓이 아닌 의미를 가진 행위가 된다. 이제 세 번째 사람은 훨씬 적은 용기로 이 대열에 합류할 수 있으며, 세 명이 되면 이것은 하나의 운동으로 발전한다.

김상욱 〈김상욱의 과학공부〉

불과 얼마 전까지만 해도 우리는 '보호자'라는 단어 대신 '주인'이란 단어를 편하게 사용해 왔다. 그러다 어느 순간 '보호자'라는 단어를 쓰는 사람이 많아졌는데, 여기에는 그만한 인식의 변화가 먼저 있었다. 반려동물을 구매하는 행위에 대한 비판이 늘고 입양 문화가 확산되어 가면서 '주인'이란 단어가 점차 시대에 뒤떨어진 단어가 되어버린 것이다.

우린 계속해서 '주인'이란 단어를 고집했을 수도, '보호자'란 단어를 무시해 버렸을 수도 있었지만 그러지 않았다. 사회적인 약속이 생겨난 것이다. 그 결과 '보호자'라는 단어는 살아남아 지금도 계속해서 그 입지를 굳혀가고 있다.

나는 우리나라 반려문화에 있어서 이 같은 지칭 언어의 변화가 지난 몇 년간 있었던 유의미한 변화들 중 꽤 주목할 만한 현상이라고 생각한다. 그동안 '주인'이란 단어로부터 사람들이 무의식적으로 느꼈을 인간우월주의를 '보호자'가 많이 상쇄시켰다.

아직까지 'Owner(소유자)'라는 단어를 사용하는 영어권 나라보다도 이는 더욱 앞서 있는 문화다. 이상적인 반려문화와 제도에 도달하기 위한 길은 아직 멀지만, 벌써 다른 나라보다 앞서간 반려문화가 있다는 것에 박수를 보낸다. 짝짝짝!

관심

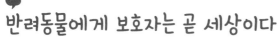

반려동물에게 보호자는 곧 세상이다

#포레의 세상

반려동물들에게 보호자는 곧 세상을 뜻한다.

어떤 보호자를 만나느냐에 따라
일상의 그림이 달라지고

때로는 그들 삶 전체를 뒤흔드는 일이 되기도 한다.

이 세상에는 포레와 같이 행복한 일상을 누리고 사는
반려동물들이 있는 반면

슬픔행성에서 태어나 단 한 번도 행복을 누리지 못한 채
짧은 생을 마감하는 반려동물도 있다.

어쩌면 그들은 우리가 되었을 수도 있는 모습을 하고 있는지도 모른다.

그들에게 괜찮냐는 말 한마디 따스하게 건네줄 수 있는

많은 가진 것들 중
따스한 것들을 나누어줄 수 있는

그런 봄날의 햇살과도 같은 세상이
포레가 건넨 마음 너머에
분명히 존재한다.

우리의 작은 관심과 선행은 누군가의 삶을 충분히 바꿔놓을 수 있다.

며칠 후

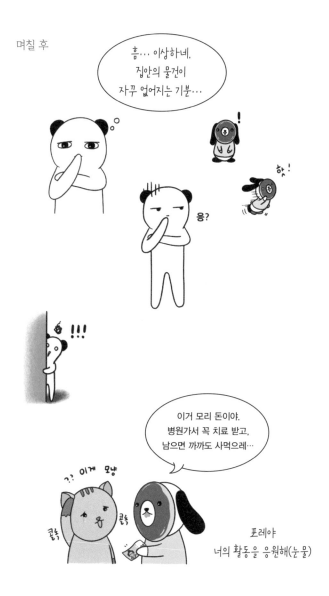

131

해야만 하는 일을 하자

#반려동물 레스토랑

포레와 나는 종종
반려동물 동반 레스토랑에 가곤 한다.

이날은 반려동물 동반 레스토랑 중
강아지 전용 식사메뉴가 있는 곳을 방문했다.

음... 여긴 가격이 좀 나가는 곳이네.

한창 화제가 되었던 반려견 오마카세에 비하면
비싼 가격은 아니었지만 그렇다고 아주 저렴한 것도 아니었다.

그래도 포레와 함께 새로운 경험을 하는 비용이라 생각하니
그다지 아깝단 생각은 들지 않았다.

이내 주문한 음식이 나왔다.

여느 때와 다름없이 나는 포레를 먼저 챙긴 후 내 식사를 하려 했는데-

이날은 어쩐지 포레 입에 음식이 들어가기도 전에
'이것'이 먼저 찾아왔다.

그것은 바로

현 타

지금 이 순간이 왠지 너무 호사스러운
혹은 너무 과한 일상일 수도 있겠단 생각.

닭고기 수프는 커녕
제대로 된 사료조차 먹지 못하는 동물들이 얼마나 많은가 하는

그런 생각이 노크도 없이 문득 찾아왔다.

심지어 개농장 뜬장 속에 사는 강아지들은
인간이 먹고 남은 음식물 쓰레기를 먹고 산다고 하던데.

닭고기 수프 10,000원   음식물 쓰레기 −0,000원?

때론 할 수 있는 걸 하기보다는
할 수 있어도 하지 않는 게 나을 때가 있는 걸지도 모르겠다.

137

포레와 나는 할 수 있는 걸 하지 않는 대신
해야만 하는 일을 하는 삶을 살기로 했다.

극단적으로 양극화되고 스스로 확실하다고 여기는 시대에
우리에게 필요한 것은 보다 겸손한 태도와 덜 비난하는 자세 그리고
후손들이 지금 우리의 행위를 놓고 야만적으로 여기리란 사실에 대한 깨달음이다.

후안 엔리케스 〈무엇이 옳은가〉

'왼쪽의 잘 차려진 닭고기 수프 10,000원, 오른쪽엔 벌레가 잔뜩 낀 파리 날리는 음식물 –0,000원'은 무엇을 의미할까? 답은 개농장 한복판에 놓인 파란 덤프 통에 있다.

약 1년 반 정도 동물권 협회에서 영상편집 알바를 한 적이 있다. 협회로부터 받은 영상을 집에서 편집하는 일이었는데, 개농장 영상들 속에는 항상 문제의 그 '파란 덤프 통'이 있었다. 한여름 햇볕이 쨍쨍 내리쬐는 날에도 덤프 통은 항상 거기 있었고, 그 안에는 구더기와 벌레들로 점령당한 인간이 버린 음식물 쓰레기가 가득차 있었다.

식용으로 길러지는 개농장의 개들이 사료 대신 음식물 쓰레기를 먹고 산다는 것을 나는 그때 처음 알았다. 그리고 심지어 정부에서 개농장 주인들에게 처리비용을 지불하고 음식물 쓰레기를 공급한다는 사실도 그때 알았다. 피날레로, 음식물 쓰레기 외엔 개들에게 물도 평생 주지 않는다는 사실을 알고는 그냥 차라리 인간이 길 포기하고 싶어졌다.

그나마 앞으로 4년 내에 개식용 금지법이 실행될 예정이라니, 책을 준비하는 중 발표된 소식에 원고는 수정해야 했지만 속으로 기쁨의 쾌재를 불렀다. 내내 안고 있던 과제를 이제 막 풀기 시작했으니 쉽지는 않겠지만, 잘 풀어나갔으면 좋겠다.

"너네는 개를 먹는 나라잖아"라며 내게 무안을 주었던 유학시절 동기에게 이제야 할 말이 좀 생긴 것 같다. Not anymore!

이해

다~ 내 탓이야 ㅠ

#네가 아플 때

부모가 아이를 키우는 것에는 못 미치겠지만

포레가 아플 때면 나도 마치 체한 듯 속이 꽉 막히는 기분이 들곤 한다.

반려동물들은 아프다는 말을 하지 못하기 때문에
평소에 관심있게 지켜보다 직접 추측해 보는 수밖에 없는데

반려견들은 아픈 티를 왠만하면 내지 않으려 하기 때문에
적절한 치료시기를 놓치는 일도 발생한다.

그래서 이렇게 나름의 검사를 해보았을 때

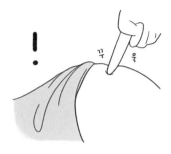

이상 반응을 보인다면 오히려 지금이라도 발견했음에
다행이라 생각해야 될 때도 있다.

그날 포레의 배가 이상하다는 걸 발견한 건
병원이 아직 문을 열지 않은 아침 6시경이었다.

포레를 조심히 안아올리지 않으면 자지러지듯 비명을 질렀기 때문에

결국 나는 안절부절하며 포레가 다니던 병원의 오픈 시간을 기다려야 했고,
시간이 다가오자 (손은 고정한 채) 다리를 굴려 잽싸게 병원으로 달려갔다.

다행히 큰 병은 아니었다.

항문낭 파열!

설사병!!

포레와 함께한지 고작 3년째.
그동안 포레는 여러 번 잔병치레를 했고
그때마다 나는 이런 생각이 드는 걸 피할 수 없었다.

하… 다 내 탓이야…

그리고 그럴 때마다 어린시절 내가 아플 때마다
내 곁을 지켜주시던 부모님을 떠올렸다.

포레를 키우며 나는 이제서야 조금씩 부모님의 마음을 이해한다.

몇 년이 지나도 챙겨야 할 게 많네

#똥꼬스키

반려견을 오래 키우다보면
어느날 갑자기 처음보는 행동을 하는 걸 발견할 때가 있다.

그날 나는 포레의 엉덩이를 확인한 뒤 내 두 눈을 의심할 수밖에 없었다.

다급한 마음에 서둘러 인터넷을 검색했다.

반려견 엉덩이에는 '항문낭'이라는 똥(기름) 주머니가 있는데

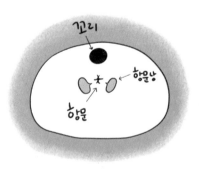

먼 옛날, 강아지들이 야생에서 딱딱한 뼛조각 등을 먹던 시절
원활한 배변활동을 위해 똥 기름을 분비하던 기관이다.

그러나 오늘날 사료를 주식으로 먹고 실내생활을 하는 반려견들에게
항문낭은 더이상 옛날만큼 중요하지 않은 기관이 되었다.

때문에 항문낭에 찬 똥기름을 인간이 손으로 직접 주기적으로 짜주어야
항문낭이 터지는 일을 막을 수 있다.

포레의 경우엔 집에서 짜기가 어려워 항상
미용을 하거나 병원에 방문할 때마다 짜곤 했다.

그날 항문낭이 파열되는 사태가 벌어진 이유는

이렇게 된 것이었다.

다행히 파열된 걸 일찍 발견해 금방 나을 수 있었지만,
포레를 키운 지 몇 년이 흘렀음에도 아직도 챙겨야 할 것들과 공부해야
할 것들이 많음을 새삼스레 다시 느꼈던 사건이었다.

반려동물을 더욱 잘 키우기 위해
끊임없이 공부하고 알아보려는 자세를 가지도록 하자.

반려동물을 제대로 잘 돌보려는 우리의 노력은
우리 스스로의 삶에 대한 태도가 될 수 있다.

널 놀이에 초대한다

#기지개의 의미

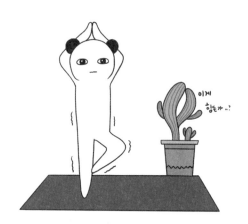

이게
힘든가..?

나는 집에서 하는 홈 트레이닝을 즐긴다.
운동이 모두 끝나고 마무리로 스트레칭을 할 때면 항상 하는 자세가 있는데

고양이 기지개 자세

그때마다 희한하게 포레도 나와 같은 자세를 취하곤 한다.

어느날 문득 궁금함에 인터넷으로 검색을 해봤더니

그 말인 즉, 포레 시점에서 날 보면

이랬던 걸까?

포레가 보내는 시그널을 이해한 날 이후
나는 운동을 할 때마다 미리 챙겨놓는 것이 생겼다.

그리고 그날 이후 나의 운동시간은
이런 모습으로 바뀌었다.

운동효과 두배!

운동시간이 끝나갈 쯤 모습.

나에게 와줘서 고마워

#네가 떠날 때

겁이 나는 건 사실이다.

말똥말똥하던 너의 눈이

스프링 달린 것처럼 뛰놀던 너의 활기가

더이상 빛이 나지 않을 순간이 올 것임을 안다.

지인에게 이런 말을 들을 때마다

나의 마음은 눈물 바다가 된다.

그래도 아직 건강한 너를 위해 나는

너가 오래오래 내 곁에 있어주길 바라는 마음으로

열심히 공부하고 또 실천한다.

그리고 너의 짧은 생이 행복한 추억들로 꽉 채워질 수 있도록
언제나 최선을 다하려 노력한다.

그렇게 우리에게 할당된 행복한 시간들을 다 쓰고 나면

어느새 훌쩍 이별해야 할 시간이 다가와 있을 거다.

그러면 나는 내내 알고 있었으면서도 너를 계속 붙잡으며
가지말라 목놓아 울겠지.

이후엔 너가 떠나고 남긴 흔적들을 보며 계속 슬퍼할 것도

한동안 너를 계속 놓아주지 못해 밤잠을 설칠 것도

나는 다 알고 있다.

사실 너를 처음 만난 그 순간

어머, 넌 누구니?

나는 이별의 존재를 이미 알고 있었다.

그럼에도 네가 떠나고 나면 아마 한참은 비가 내리고
그 후엔 어둠이 지속될지도 모르겠다.

하지만 만약 과거로 돌아가 다시 선택할 수 있다고 해도

이 모든 것을 다시 겪어야만 하더라도

나는 또 너와 함께하는 삶을 선택할 거야.

나는 괜찮을 거야, 포레야.

나에게 와줘서 고마워.

50년 후

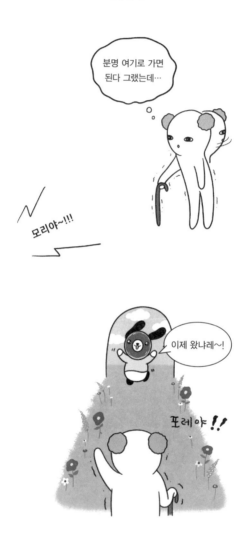

사람들은 반려동물을 데려올 때 시작과 과정은 생각할지언정 결말은 깊이 생각하지 않는 것 같다. 사실은 나도 그랬다. 포레를 입양하기로 결정했을 때, 아니 그보다 훨씬 이전에 유기견을 입양하기로 마음 먹었을 때 이별이나 새드엔딩과 같은 장르는 내 안에 존재하지 않았다.

아니– 어쩌면 알고 있었는지도 모르겠다. 어린 시절 부모님의 보호로 함께했던 반려견 '아롱이'가 떠나갔을 때 꺼이꺼이 울었던 기억이 아직 생생하다. 맞아, 나는 분명 알고 있었다. 헤어짐은 필연적으로 온다는 걸 결코 모르지 않았다. 그럼에도 나는 포레에게 손을 내밀었다.

문득 20대 초반의 원대한 꿈이 떠오른다. 경제적 여유가 생기면 보호소에서 늙은 강아지들을 입양해 행복한 여생을 만들어주어 마지막 좋은 기억만 안고 무지개다리를 건널 수 있도록 해주기. 헌데 과연 내가 그 많은 이별을 감당할 수 있을까? 그 시절이었기에 가능했던 참 치기 어린 꿈이었다는 생각이 든다.

그러나 포레를 데려올 때 이미 그 끝을 알고도 시작하지 않았나. 포부가 하늘만큼 크던 시절 품었던 그 꿈도 언젠간 이룰 수 있는 날이 올 것이다. 세상엔 아직 오지 않은 미래임에도 어떤 꿈들은 내 안에서 이미 실현되고 있는 것들이 있다. 그리고 그것들은 언젠가 바깥세상에서 실제로 일어나는 일들이 되기도 한다. 그래서 인생은 끝까지 한번 살아볼 만한 가치가 있다.

포레와 함께, 그 꿈을 향해 오늘도 함께 걷는다.

네가 나에게 그러하였듯,

나 또한 너의 삶에 있어서 가장 큰 선물이었길.

네가 나에게 최고의 친구였듯,

나도 네게 이 세상 가장 최선의 보호자였길.

네 삶의 일부는 아픔이었지만

대부분의 기억은 행복이었길.

그리고

그곳에서는 더이상 아프지 않길.

한 생명이 누릴 수 있는

마땅한 자유와 삶을 온전히 즐기길.

다음 생에도 나와 함께해 주길.

다시 만날 때까지,

안녕.

"다르다는 건
특별하다는 거야."

저길 봐봐 포레야.
수많은 클로버들이 보이지?

그중에 네잎 클로버를 찾는 일은 정말 힘들단다.

그래서 네잎 클로버를 찾으면 행운이 온다고 하는 거야.
다르다는 건 특별하다는 걸 의미하거든.

포레는 이상한 게 아니야.

포레는 특별한 거야.

얼마 후

'특별하다'는 지금껏 긍정적이고 좋은 뉘앙스를 담은 단어로 알고 있었다. 그런데 검색해 보니 특별하단 건 그저 '보통의 것이 아니다', '다르다'는 의미였다. 그런데 항상 좋은 문장 속에서만 쓰이지 않았나? 어쨌든 '특별'이란 단어 중 '별'이란 단어가 마음에 들었다. 별이란 '다를 별'이란 뜻이고 또 하늘에 떠 있는 반짝이는 별을 의미하지 않던가. 어쩜 자음과 모음의 조합도 이렇게 별스러운지, 마지막을 장식하기에 적당하다.

이렇게 아름다운 단어가 때로는 상처가 되기도 한다. 보통의 아이들과는 다른, 조금 특별한 아이들을 가진 부모에게 "그런데 좀 – 하네요?"하는 조심스러운 질문이 상처가 될 수 있다는 것을 나는 포레를 키우며 느꼈다. 포레의 휑한 입을 본 사람들이 "그런데 입이 좀 이상하게 생겼네요?"하는 식의 질문이 그렇다. 그들에게 악의가 절대 없음을 알고 있지만 그것이 나에게 닿았을 땐 때로 상처가 되곤 한다.

"걔는 다른 강아지들하고 잘 지내지 못해서 여기 있는 겁니다."

포레를 만난 날, 센터장님이 내게 했던 말이다. 이 말은 보호자로서 자꾸만 곱씹어 보는 말이 되었다. 그리고 '혹시나 포레가 조금 달리 생겨서, 조금 괴기한 모습에 다른 강아지들이 왕따를 시키나?'라는 의문이 생겼다. 의문이 꼬리에 꼬리를 물고 강아지들 사이에서도 생김새에 따라 왕따를 시키는 문화가 있는지 궁금해 검색도 해보았다.

그러던 중 강형욱 훈련사님의 유튜브 채널에서 어쩌면 나의 추측이 옳을지도 모르겠다고 생각한 영상을 보게 되었다. 조금 못생긴 (이렇게 말하면 보호자들이 섭섭하겠지만) 얼굴이 약간 뚱하게 생긴 불독은 그 생김새 때문에 다른 강아지들 사이에서 왕따를 당하곤 한단다. 맙소사. 너네도 얼평을 하는구나.

어쩌면 포레가 조금 다른 모습을 한 탓에 다른 유기견들 사이에서 잘 어울리지 못했을 수도 있겠구나. 사실인지 그저 나의 추측인지 알 수 없지만, 포레가 다가섰을 때 뒷걸음질 치는 반려견들이 꼬리를 흔들며 다가오는 반려견들보다 압도적으로 많았기에 나는 나의 추측을 믿기로 했다.

반려견이든 사람이든 생김새가 남들과 조금 다르다고 하여 차별하는 것이 당연시되는 세상이 되지 않았으면 좋겠다. 과거를 돌아보았을 때 다양성을 억압하고 모든 것을 일정 기준에 맞추어 단일화하려고 할 때 인류는 언제나 위기를 맞이했다.

정신적, 육체적 장애가 있는 사람들을 임의적으로 단종시키기 위해 인류가 우생학을 선택했던 것이 나치 대량학살의 근거로 사용되면서 수많은 사람이 목숨을 잃었다. 또한 현대의 획일

화된 교육은 아이들의 상상력을 저해시키면서 결과적으로 다양성이 부족한 사회를 만들어냈다. 같은 관점에서 수능과 대학이라는 학생을 평가하는 줄 세우기식 제도 또한 오늘날 다양한 인재를 배출하는 데 큰 어려움을 야기시킨다.

반려문화도 마찬가지다. 순수혈통을 중시하는 (약으로도 쓸데가 없는) 문화 때문에 인간은 동물에게 긴 세월 비윤리적 악행을 저질러 왔으며, 이는 다양한 종이 섞인 믹스견들의 삶을 고난으로 몰아갔다.

다양성을 죽이는 획일화와 단일화의 끝에는 언제나 희생양들이 득실득실하다. 그들은 자신이 왜 살아남을 수 있는 축에 끼지 못하였는지 알지 못한 채 죽어간다. 혹은 알더라도 평생 경계 밖에 머무르며 언젠가 저 경계가 허물어지길 한없이 기다리는 아웃사이더로 살아간다. 그러나 경계 바깥의 세상에는 더 큰 가치를 발휘할 수 있는 존재들이 많이 있다. 삶의 경계 끝에 아슬아슬하게 서 있던 포레의 가치를 내가 알아봄으로써 포레뿐만 아니라 나의 세상 또한 한층 밝아졌듯, 서로가 서로에게 1cm씩만 더 다가간다면 세상은 지금보다 더 아름다운 곳이 될 수 있지 않을까. 나는 언제나 외면하고 계속 모르길 택하는 사람보다는 아는 사람이길 희망한다. 여러분도 그랬으면 좋겠다.

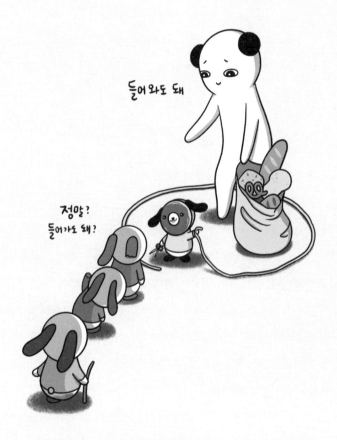

191

못다한 이야기

약 120,000. 우리나라에서 한 해에 버려지는 반려동물의 수이다. 끝까지 책임질 수 없다면 데려오면 안 된다는 말에서 가장 중요한 단어는 '끝까지'이다. 강아지의 경우 일반적으로 15년, 길게는 20년까지 살기 때문에 사람으로 치면 대학생이 될 때까지 한번 잘 키워보겠다는 굳은 결심 정도는 하고 입양을 결정해야 한다. (실제로 반려견의 나이가 20살이 되면 '대학 간다'라는 표현을 쓰기도 한다.)

대학생이라니! 20년이란 세월이 얼마나 긴 시간인지 스무 살을 경험해 본 사람들이라면 감이 올 것이다. 그중 절반인 10년만 지나도 강산이 바뀐다고 하지 않던가. 한 생명을 책임져야 하는 시간이 이렇게나 긴

데 여전히 우리나라는 까다롭지 않은 입양절차 탓에 너무나도 쉽게 반려동물을 입양하고 유기하거나 파양한다.

뉴욕에서 지낼 당시 미국의 대표 동물보호단체 중 하나인 PETA에 봉사활동을 신청한 적이 있다. 꼭 봉사하고 싶다는 메시지를 담아 신청 이메일을 보냈고, 3일 후 답장이 왔다.

"아쉽지만 유학생은 봉사 자격이 안 됩니다."

미국에서 일하는 외국인에게 주어지는 주민등록번호와 같은 사회보장번호(SSN)가 없어서 봉사 신청을 받을 수 없다는 것이었다. 단순히 봉사활동을 하는 것인데도 유기견들과 하루를 보내는 사람이 누구인지, 신변은 확실한 사람인지 증빙이 필요하다고 했다. 그들의 답변에 나는 머리를 한 대 맞은 듯했다. 버려진 유기견을 대하는 그들의 태도가 나의 마음 속 잔잔한 물가에 파도를 일으켰다. 휘몰아치던 파도에는 부끄러움과 부러움, 더 알고 싶은 욕망 등이 한데 뒤섞여 있었다.

반면 한국에서 포레를 입양할 때는 어땠을까. 한 생명을 입양하기 위해 내가 했던 것은 고작 센터에 방문해 강아지를 고르고, A4 한 쪽짜리 신청서를 작성하고, 포레의 몸에 인식 칩을 삽입하는 것이 전부였다. 내가 누구인지, 동물학대 전과가 있는지, 펫숍 운영자는 아닌지, 경제적인 여유가 되는지 등에 대한 조사 따위는 없었다. 유기견을 입양하는 일이 뉴욕에서 반나절 봉사활동을 하는 것보다 쉽다는 사실에 마음이 착잡했다.

그래서 늦게나마 2020년도에 근무중이셨던 수원시 동물보호 센터 장님께 감사하다는 말씀을 꼭 전하고 싶다. 포레를 입양할 때 선생님께서는 내게 끝까지 키울 자신이 있는지 재차 여쭤보셨다. 입양을 갔다가 다시 파양되어 오는 친구들이 많다며 걱정스레 묻고 또 물으셨다. 어찌나 자꾸 물어보시던지, 솔직히 말하면 기분이 상할 뻔도 했다. 이렇게 개인이 처음 만난 입양자에게 무례함을 무릅쓰고서라도 계속해서 물어야만 하는 것이 현실이라면, 안타깝지만 우리가 가진 현실엔 분명히 문제가 있다. 하루 빨리 개인이 아닌 법을 통해 적합한 입양자를 가려낼 수 있는 절차가 마련되길 바라본다.

둘. 최선을 다한다는 것의 의미

"하루에 한 번, 반드시 산책하는 것이 의무이다."

2018년, 뉴욕에서 반려동물 사진작가로 활동하며 한국의 반려동물 매거진에 기고했던 글의 일부이다. 반려견을 매일 산책시키는 것이 당연한 문화로 자리 잡은 뉴욕에서 매일 산책하는 반려견들을 촬영하다 보니, 어느 순간 산책이 마치 문화가 아닌 법적 의무처럼 느껴졌나 보다. 팩트는, 뉴욕에서 반려견을 산책시키는 것은 의무가 아닌 개인의 재량에 따른 선택이다. 이후 잘못 기고한 내용을 잡지사에 알려 실수를 바로잡아야 했다. 참으로 어처구니없는 실수인데, 그만큼 뉴욕사람들이 얼마나 산책에 진심인지 잘 알 수 있는 에피소드이기도 하다.

또 다른 에피소드를 하나 더 이야기해 볼까. 뉴욕에 도착한지 얼마 되지 않았을 무렵 있었던 일이다. 반려견을 키운다는 친구에게 내내 궁금했던 질문을 했다.

"레브, 뉴욕에는 산책하는 강아지들이 왜 이렇게 많은 거야?"

"그거야 매일 산책을 해야 하니까? (당연한 걸 왜 묻는거지?) 우리 집 강아지는 하루 세 번 산책해. (한국은 강아지 산책을 안 시키나?)"

친구는 왜 당연한 걸 묻냐며 의아한 태도로 내게 답했다. 당시만 해도 우리나라엔 아직 1일 1산책 문화가 널리 퍼진 분위기가 아니었기 때문에 친구의 대답에서 내가 느꼈던 충격은 지금보다 더욱 컸다. 1일 1산책 문화도 신기한데, 하루 세 번 산책한다는 말에 아주 놀라 자빠질 뻔했다. 그러나 여기서 중요한 건 숫자가 아닌 반려견의 건강한 일상을 지켜주고자 하는 그들의 최선에 있다. 법과 제도 없이 반려인들이 자발적으로 만든 뉴욕의 산책문화는 우리에게 시사하는 바가 크다. 언젠가 우리에게도 하루 세 번 산책한다는 지인의 말에 놀라지 않는 날이 올 수 있을까.

셋. 역시나 답은 "그래도-"

얼마 전 사촌이 아기를 낳아 아기 조카가 생겼다. 부모님이 나를 조금 늦게 가지신 덕에 그간 내게 조카는 주로 나보다 나이가 두어 살 어리거나 혹은 많은, 내 나이 또래였다. 그러다 가까운 사촌이 아기를 낳으니 이제야 진짜 조카 같은 조카가 생겼다고 느껴진다.

사촌은 가끔 만날 때마다 농담조로 "넌 애 낳지 마라~"라고 한다. 그 한마디 뒤에 얼마나 큰 희생이 존재하는지, 반려견을 키우는 입장에서 아주 조금은 알 것도 같다. 반려견의 보호자는 끽해야(?) 20년가량 희생해야 하지만, 부모는 아이를 위해 평생 희생하지 않던가. 그런 의미에서 요즈음 말로 '애개 육아'를 하는 지인들을 보면 그렇게 대단해 보일 수가 없다. 반려견 하나도 힘들고, 아이 한 명은 더 힘든데, 둘을 모두 돌본다니!

신혼살림을 차리면서 혹은 아이가 생겨 반려견을 버리는 가정에 대한 문제는 이미 흔해 빠진 뉴스거리로 전락한 지 오래다. 심지어 수년을 키우다가 단지 결혼한다는 이유만으로 반려동물을 버리는 경우도 있다고 한다. 너무 비인간적인 일이다. 그 긴 시간 동안 대체 어떤 마음으로 반려동물을 보호해 왔던건지 도통 이해할 수 없는 노릇이다.

반면 아이가 태어나고 자랄 때까지 육아와 보호를 끝까지 병행하는 사람들도 있다. 실로 이게 얼마나 대단한지는 경험이 미천한 관계로 '애개육아'가 어떻게 아이에게 좋은 영향을 주는지에 대한 자료를 공유하고자 한다.

다양한 연구결과에서 공통적으로 말하는
반려동물과 아이를 함께 키울 때의 긍정적인 효과

첫째, 반려동물과 함께 자라는 아기들은 그렇지 않은 아기들보다 태어난 첫 해 동안 감기에 걸리는 빈도가 적다.

둘째, 감염에 대한 더 나은 저항력을 가지게 된다.

셋째, 아기들의 인지, 감정적 발달에 긍정적인 효과가 있다.

넷째, 부모 또한 반려동물과 함께하며 육아로 인한 스트레스 감소 효과를 볼 수 있어 결과적으로 아이와 부모 모두에게 좋은 영향을 준다.

제대로만 키운다면, 반려동물과 아이를 함께 키우는 것은 둘 모두에게 좋은 결과를 가져올 수 있다. 엄청난 희생과 투자를 통해 애개육아에 도전 중인 부모들에게 책임을 저버리지 않음으로써 그렇지 못한 이들보다 더 좋은 결과가 있을 것이니 힘내라고 파이팅해주고 싶다.

내게 애 낳지 말라던 사촌에게 "다시 과거로 돌아갈 수 있다면-"하고 묻는다면 역시나 답은 "그래도-"로 시작하지 않을까. 나 역시 마찬가지다. 나의 일부를 내어주더라도, 나는 포레와 함께하는 삶을 또 선택할 것이다. 희생이란 거창한 것이 아니다. 나의 일부를 사랑하는 존재와 함께 나누고자 하는 마음. 그게 전부다.

넷. 마리 vs 명

동물권 보호협회에서 콘텐츠 제작 일을 할 당시, 협회에서는 동물을 세는 양사인 '마리' 대신 '명'이란 단어를 사용하고 있었다. 당시엔 동물에게 한 명, 두 명하는 것이 익숙지 않아 그냥 그런가보다 하고 말았는데, 앞서 '보호자'란 단어를 '주인' 대신 사용하는 것에 대한 이야기를 하고 나니 독자분들도 이런 시도가 있다는 것에 대해 알고 계시면 좋겠다는 판단에 [못다한 이야기] 챕터에 글이 들어가게 되었다.

'마리' 대신 '목숨 명命' 자를 사용하는 것이 중요한 이유는 무엇일까. 그건 바로 이것이 단순히 동물을 세는 방법에 관한 것이 아닌, 동물과 사람을 가르고 나누는 메시지를 내포하고 있기 때문이다. '마리'라는 단어는 곧, "인간은 동물을 포함한 자연보다 우월하며, 인간은 자연의 주인"이라고 한 데카르트의 말을 옹호하는 것이 될 수 있으며, 이에 따른 수많은 동물학대를 용납한다는 의미로 확대될 수 있다. 다시 말해, 우리가 매일 입으로 내뱉는 단어를 통해 동물들을 계속해서 죽이고 또 학살할 수 있다는 이야기이다.

사회학자 에리카 체노워스에 따르면, 인구의 3.5%가 행동하면 사회적인 변화가 가능하다고 한다. 현재 대한민국 인구수는 대략 5,000만 명. 이 중 180만 명이 행동하면 좋지 못한 반려문화도 단번에 변화할 수 있다는 말이 된다.

반려문화의 한쪽에서는 이미 일어나고 있는 양사에 관한 이 작은 움직임이 180만 명에게 닿으면 미래의 어느 한 시점엔 모두가 '마리'라는 단어 대신 '명'을 사용하고 있을지도 모를 일이다. 어떠한 변화든 처음엔 항상 낯선 법이다.

〈참을 수 없는 존재의 가벼움〉에서 밀란 쿤데라는 이렇게 말했다.

"창세기 첫머리에 신은 인간을 창조하여 새와 물고기와 짐승을 다스리게 했다고 씌어있지만, 창세기는 인간이 쓴 것이다. 신이 정말로 인간이 다른 피조물 위에 군림하길 바랐는지는 결코 확실하지 않다."

오늘날 우리는 인류가 살아남을 수 있는 방법이라면 무엇이든 해야만 하는 시대를 맞이했다. 기후변화로 인해 전 세계적으로 크고 작은 재난이 끝없이 일어나고 있는 지금, 늦었지만 이제는 정말 인간이 자연 위에 군림한다 여겼던 과거를 청산하고 자연을 올바르게 대하는 새로운 관념을 심어야 할 때가 되었다. 심지어 그것이 창세기 속 언어를 수정해야 하는 일이 될 지라도 말이다. 어쩌면 인류의 존망 문제는, 고작 반려인을 '주인'이라 칭할지 '보호자'라고 칭할지 혹은 동물을 셀 때 '마리'를 사용할 것인지 '명'을 쓸 것인지와 같은 아주 사소한 변화로부터 풀릴 수도 있기 때문이다.

다섯. 배려 넘치는 세상, 함께 만들어 나갈까요?

얼마 전 한 반려견 동반 과학전시에 초대작가로 초청되어 전시를 한 적이 있다. 반려견이 보는 세상을 과학적으로 풀어놓은 전시였는데, 새로운 시도였던 만큼 많은 반려인의 관심을 받았다.

전시장 내에는 직접 반려견의 눈이 되어 세상을 바라보는 영상이 있었는데, 장면 속 세상은 온통 흐릿한 와중에 파란색과 노란색 단 두 가지 색상만이 연속적으로 나타났다. 반려견들의 시각중추에는 색을 담당하는 원추세포가 없어 인간처럼 다양한 색상을 볼 수 없다고 했다. 그동안 강아지는 그저 색맹이라고만 생각했지, 이토록 안 보이는 줄은 미처 알지 못했다. 관람객들도 마찬가지였는지 영상 앞에서 한참을 놀라던 사람들이 많았다.

그렇게 전시가 끝나고 며칠 후, 포레의 물품을 구매하기 위해 반려동물 용품상점에 방문했을 때 진열된 상품들이 더는 전과 같아 보이지 않았다. 그동안은 나의 기준에서 예쁘고 귀여운 것들을 골랐다면, 이제는 포레의 입장에서 물품들을 바라보게 된 것이다. 파란색과 노란색이 들어있는 물품에 조금 더 손이 가게 되었고, 그렇지 못한 제품들을 보면서는 '업체가 반려견의 시각을 전혀 고려하지 않았군'이란 생각을 하기도 했다.

그러고보니 포레가 산책하다 우연히 물고 온 노란 공이 생각난다. 포레는 다른 장난감들보다 유독 길에서 주워 온 그 노란 공에 집착했는데, 이제야 포레의 행동을 한뼘 더 이해하게 된 것 같다.

반려견이 세상을 바라보는 시각이 이렇다면 후각은 과연 어떨까. 반려견은 일반적으로 인간보다 10만 배 뛰어난 후각을 갖고 있다. 영화 〈루시〉에서는 뇌를 무한정으로 사용할 수 있게 된 인간은 마치 신처럼 되거나 아주 희한한 존재가 된다고 표현하고 있다. 인간이 후각을 지금보다 10만 배 더 사용할 수 있게 된다면 우리는 과연 어떤 존재가 될까? 알렉산드라 호로비츠의 〈개의 마음을 읽는 법〉이란 책을 통해 개들의 후각을 어렴풋이나마 경험해 보자.

"장미 한 송이에 달려 있는 여러 꽃잎의 향도 멀리 있는 꽃에서 날아와 꽃가루 발자국을 남겨놓고 간 곤충 냄새 때문에 각각 다르게 느껴질 것이다. 단 하나의 꽃가지에도 지금까지 그것을 손에 들었던 모든 사람의 흔적과 그것을 본 시간에 대한 단서가 남아 있다는 것은 어떤 의미일까. … 모든 향기 속에 시간의 흐름이 새겨져 있다. 우리가 꽃잎이 시들어 갈색으로 변해가는 모습을 눈으로 지켜보는 동안 개는 그 부패와 시간의 흐름을 냄새로 맡을 수 있는 것이다. … 이것이 바로 개가 장미를 경험하는 과정이다."

장미 한 송이의 냄새를 맡았을 뿐인데 그 안에 담긴 시공간을 읽어낼 수 있다니! (이 정도면 마법사의 경지가 아닌가.) 나는 한동안 이 구절에 완전히 매료되어 있었다.

반면 프로이트의 가설에 따르면, 인간의 후각은 안타깝지만 문명화되는 과정에서 그 기능을 많이 상실했다. 시인 G.K. 체스터튼은 〈쿠들의 노래〉라는 시에서 더 이상 '물의 행복한 냄새'와 '돌의 용맹한 냄새'를 맡지 못하는 인간에 대해 이야기하고 있는데, 물이 진짜 행복한 냄새를 갖고 있는지, 돌이 정말 용맹한 냄새를 내뿜는지 우리는 결코 알 수 없다. 오직 개들만이 답을 알고 있을 것이다.

반려견의 후각 능력에 대해 알고 나니 이번에는 평소 생활 습관에 한 가지 변화가 생겼다. 부엌 싱크대에 놓인 음식물 쓰레기를 싱크대 위가 아닌 밀폐용기에 넣어 냉동실에 보관하기 시작한 것이다. 나에겐 간헐적으로 맡아지는 음식물 쓰레기 냄새를 포레는 집안에서 하루 종일 맡고 있겠구나 생각하니 처리방식을 바꾸지 않을 수 없었다. 그래도 인간보다 십만 배나 더 냄새를 잘 맡는다고 하니, 냉장고 안에 있는 반찬들과 밀폐용기에 담긴 음식물 쓰레기 냄새도 맡을 수 있지 않을까 싶긴 하다. (너의 능력은 어디까지냐!)

반려동물에 대해 더 깊이 이해할수록, 그들이 세상을 인식하는 방식에 대해 더 많이 알아 갈수록 나의 사소한 행동들을 한 번씩 다시 돌아보게 된다. 그리고 그 과정에서 나와 다른 존재를 향한 '배려'라는 미덕을 자연스럽게 익히게 된다.

작은 돌들이 쌓여 거대한 돌탑이 되듯, 당장 내 옆의 가장 가까운 존재에 대한 배려가 쌓이면 그것은 언젠가 반드시 더 큰 선행을 위한 초석이 된다. 우리가 지금 나누는 이야기가 단순히 반려동물에 관한 이야기가 아닌,

인간과 동물이 함께 조화를 이루는 멋진 세상을 위한 이야기인 이유가 바로 여기에 있다.

여섯. 후회하지 않기 위한 목록

포레는 이제 겨우 추정나이 4살이다. 아직 함께할 시간이 많다는 사실은 내게 매일 위안이 된다. 우리 집 첫 반려견이었던 아롱이가 떠났을 때 슬픔 뒤에 따라왔던, '그래도 원 없이 행복하게 뛰어놀던 삶이었으니 다행이다'라는 감정을 포레가 떠나고 난 뒤에도 느낄 수 있을지 모르겠다. 어쨌든 부모님이 책임지셨던 강아지와 내가 키우는 강아지는 좀 다르지 않겠나. 그래서 예상해 보건데, 포레가 떠나고 나면 왠지 미안함이란 감정이 오래 자리할 수도 있겠다는 생각이 들었다. 이걸 더 해 줄 걸, 저걸 더 하지 말 걸 하는 후회에 따른 미안함.

다행히 나는 후회하는 것에 대한 겁이 많은 사람이라 그러지 않기 위해 지금 현재에 충실한 편이다. 장담컨대 그편이 더 낫다. 뒤늦게 후회하는 것만큼 쓰라린 일도 없으니. 혹시 나와 같은 생각을 하는 반려인들이 계신다면 다음 다섯 가지를 가슴에 잘 담아보자. 내가 후회하지 않기 위해 지키고자 하는 것들이다.

후회하지 않기 위한 목록

1. 매일 산책하고 자주 좋은 곳에 함께 다니기.
2. 덜 혼내되 똑똑하게 훈련시키기.
3. 무한한 사랑에 대해 항상 고맙다고 생각하기.
4. 예정된 이별을 걱정하는 대신 현재의 행복을 누리기.
5. 이 모든 것을 충실히 행하기.

누군가는 내게 말한다. 고작 강아지 하나 키우는 일인데 왜 그리 진심을 다하냐고. 강아지는 사람이 아니라고. 그럼 나는 자신 있게 말한다. 나와 포레의 관계는 나와 세상의 관계와 닮아 있다고. 내가 온 마음을 다해 포레를 보호할 때야 비로소 나의 세상도 안전해지는 거라고. 그리고 이것을 이해할 줄 아는 인간만이 제대로 된 삶을 살아갈 수 있다는 사실도. 그러면서 나는 이것을 건넬 것이다. 포레에게 새 삶을 의미하는, 언제나 포레의 상처를 치유해 주던 달콤한 그것.

"고작 강아지가 가진 희망의 힘을 너도 한번 느껴봐.
그것은 너를 울릴 거고 너는 울게 될 거야.
곧 네가 알던 세상은 바스러지고 새 세상이 펼쳐질 거야.
그리고 그제야 비로소 세상을 이해하게 될 거야."

지금 이 순간을 살자

포레의 입에 난 과거의 상처는 오늘날까지도 우리의 현재에 영향을 끼친다.

그럴 때면 나는 포레에게 이런 상처를 남긴 그 누군가를 향해
못생긴 말들을 내뱉는다.

아무리 화내봤자 닿지 않을 건 알지만

그리고 그럴 때마다 인류애도 조금씩 떨어지는 기분이 들곤 한다.

하지만 누군가를 향한 내 안의 미움이 커져 갈수록

어쩐지 이런 문장들이 자꾸만 내게 찾아왔다.

덕분에 나는 곧 누군가를 미워하기 위해 쏟는 시간과 에너지가
내 삶에 나쁜 영향을 끼친다는 걸 깨달았다.

그래서 나는 이제 더이상 누군가를 오래 깊이 미워하지 않는다.

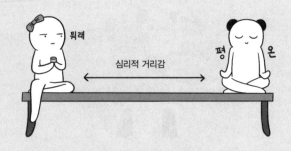

이런 마음으로 살다 보니
언젠가부턴 삶이 이렇게 바뀌기 시작했다.

그리고 미움이 떠난 자리엔 더 좋은 것들이 자리 잡았다.

미움에는 끝이 없지만 우리의 시간은 언젠가 끝이 난다.

그러니 과거를 돌아보기보단 지금 이 순간을 살자.
미움으로부터 우리의 멋진 세상을 지켜내자.

Thanks to

출간준비를 하면서 사실 (책을 마치며 쓰기에 적절한 표현은 아닙니다만) 똥줄이 많이 탔습니다. 처음 출간 제안을 받은 것이 봄이었는데, 연말이 된 지금까지 벌써 반려문화에 많은 변화가 있었거든요. 그 사이 글을 썼다 지웠다, 막판에 이르러서는 개식용 금지법이 새로 제정되는 바람에 또 한 번 글을 갈아엎어야 했습니다. 그래도 다행입니다. 더 나은 반려문화를 향해 가는 와중에 인간이 불편함을 감수해야 하는 부분이 있다면 저는 매번 기쁜 마음으로 감수하겠습니다. 여기까지 함께 달려온 여러분도 저와 같은 마음이면 좋겠네요.

이렇게 귀엽고 멋진 (자화자찬인가요) 책 한 권이 탄생하기까지 반려 동물을 사랑하는 수많은 사람의 노고가 있었습니다. 그간 도움을 주신 분들께 책의 마지막 페이지를 빌어 감사인사를 전하고 싶습니다.

먼저 출간 제안을 주신 크레파스북 정미현 편집장님과 애써주신 분들께 감사합니다. 멋진 책을 통해 많은 사람에게 포레의 이야기가 닿을 수 있게 해주셔서 감사합니다.

부모님께서는 어린 시절부터 제게 동물을 사랑하는 마음을 가르쳐 주셨습니다. 첫 챕터를 보고 다소 마음이 안 좋으실 수 있겠지만, 큰 교훈을 얻은 경험이었으니 속상해 마시고 웃어넘기시길 바랍니다. 언제나 제 꿈을 응원해주셔서 감사합니다.

한 해 동안 포레의 원화 그림을 입양해주신 컬렉터분들께도 감사드립니다. 희망을 뜻하는 포레의 도넛 그림이 걸린 그곳에서 또 다른 희망을 낳을 수 있길 바랍니다.

추천사를 써주신 디멘션 갤러리 고담호 대표님은 포레의 이야기를 누군가에게 전할 때마다 눈가가 촉촉해지십니다. 항상 포레를 응원해주셔서 감사합니다.

역시 추천사를 써주신 동물권단체 케어 김영환 대표님께도 감사드립니다. 예술이란 수단을 통해 반려동물 이야기를 전하는 제게 현장에서 직접 뛰시는 분들은 항상 존경스럽습니다. 감사합니다.

출간 준비를 하며 포레와 잠시 떨어져 지내야 했습니다. 마음이 울적할 때, 일이 잘 풀리지 않을 때마다 한탄하던 제게 으쌰으쌰 해주던 예술적 동지들 건, 혜연을 포함한 친구들 모두 감사합니다.

마지막으로 포레에게 고맙습니다. 어차피 여기에 고마움을 표현해도 알 턱이 없을 테니 책이 나오면 멋진 축하 케이크를 하나 만들어줄까 합니다. 그럼 알겠지요. :)

독자분들께도 모두 감사드립니다.

고맙다레~